COMMENT GAGNER DE L'ARGENT DE LA MAISON FACILEMENT

OBTENIR DES EMPLOIS EN LIGNE POUR LES FEMMES ET LES HOMMES, DÉMARRER UNE ENTREPRISE EN LIGNE RAPIDEMENT ET FACILEMENT DE VOTRE CHAMBRE

Jessy M. Brown

Table des matières

Introduction

Tu es allé à l'école et tu as eu ton diplôme. Vous avez passé des années à perfectionner vos compétences et à bâtir une carrière. Maintenant, tu es une mère et tes priorités changent beaucoup. Cependant, grâce au climat économique actuel, leur besoin de gagner de l'argent existe toujours.

Pouvez-vous tout avoir, être une mère à temps plein et avoir une carrière lucrative et enrichissante ?

La réponse est oui, si vous apprenez à équilibrer votre vie. L'une des façons les plus faciles d'avoir tout cela et de jouir d'un sentiment d'équilibre est de faire les choses par soi-même et de devenir une mère au foyer. Avec votre expérience professionnelle, vos années d'expérience et votre détermination, vous pouvez y arriver.

Cependant, le passage du travail sur le terrain ou au bureau au travail à domicile est un grand pas en avant. Avant de vous plonger dans le prospectus, c'est une très bonne idée de faire le point sur vos chances de réussir chez vous. Pour certaines personnes, briller en tant que mère et exceller au travail exige un peu de séparation. Pour d'autres, le travail à domicile leur convient parfaitement.

Une fois que vous aurez décidé si le travail à domicile vous convient, il y aura beaucoup plus à faire. L'étape suivante consiste à déterminer quelles sont vos perspectives et comment surmonter certains des obstacles qui se dresseront invariablement sur votre chemin. Ne vous inquiétez pas, vous pouvez sauter des obstacles relativement facilement si vous le voulez vraiment.

Il y a une variété de possibilités de carrière pour les mères qui travaillent à la maison. Si vous ne souhaitez pas continuer dans votre domaine actuel, vous pouvez transférer certaines de vos compétences dans un autre domaine de spécialisation. Il y a même des endroits étonnants pour s'entraîner ou se recycler, même de chez soi, si vous voulez quelque chose de complètement nouveau.

Si vous êtes attiré par le travail à contrat, trouver un emploi ne sera pas un gros problème. Le monde est en train de changer. Grâce à cela, de nombreux employeurs offrent des emplois à temps partiel, à court terme et même à long terme sur Internet. Ils sont parfaits pour les travailleurs à domicile.

Une fois que vous commencerez à trouver du travail, vous devrez probablement mettre d'autres choses en place. Des questions sur les bureaux à domicile, les avantages et d'autres aspects techniques sont susceptibles de se poser. En explorant vos possibilités, en préparant votre bureau à domicile et en établissant une vie qui n'implique pas d'être loin de votre enfant, ce livre électronique est votre guide.

Ensemble, nous pouvons réaliser votre rêve de travailler à la maison tout en ayant du temps pour votre réalité familiale !

Il faut y réfléchir....

Lorsque vous regardez votre enfant dans les yeux, l'idée de mettre un costume et de retourner au bureau risque d'être un peu étonnante. Rester à la maison et travailler à la maison peut être une expérience incroyable pour vous et votre enfant. Cependant, il peut aussi s'agir d'un cauchemar naissant. Tout dépend de la façon dont vous et votre famille pouvez gérer la transition. Certaines femmes et leur famille s'épanouissent mieux lorsque le travail est maintenu au travail. D'autres brillent dans l'environnement professionnel à domicile. Peu importe le chemin que vous choisissez, tant qu'il fonctionne pour vous, il est parfait !

Alors, *comment pouvez-vous déterminer si le travail à domicile est ce que vous aimez vraiment ?*

Tout d'abord, vous voudrez examiner votre situation financière. Pour lancer avec succès une carrière à partir du bureau à domicile, il peut être utile d'avoir un peu d'espace pour respirer financièrement. N'oubliez pas, cependant, qu'en restant à la maison, vous économiserez aussi un peu d'argent.

Au-delà des questions financières, il y a des questions que vous devrez vous poser, ainsi qu'à votre conjoint et aux membres de votre famille. Pour faire une vraie entreprise à domicile ou déménager votre carrière à plein temps, vous aurez besoin d'avoir la bonne personnalité pour le faire. De plus, il se peut que vous ayez aussi besoin d'un soutien familial sérieux.

Jetons un coup d'oeil à certaines des choses que vous voudrez considérer pour vous aider à décider si le travail à la maison est pour vous.

➢ *EXPLORER L'ASPECT FINANCIER DES CHOSES*

Travailler à la maison peut être très lucratif pour de nombreuses mères. Toutefois, il faudra peut-être un peu de temps pour obtenir un flux de trésorerie constant. Dans cette optique, il y a un certain nombre de choses que vous voudrez examiner avant de décider de plonger avec les deux pieds. Si vous trouvez que le moment n'est pas propice, ne vous inquiétez pas trop. Vous pouvez toujours travailler dans une entreprise à domicile le week-end ou le soir et essayer de la construire rapidement pour pouvoir rester à la maison à temps plein en un clin d'œil.

Les éléments de base à considérer avec les finances comprennent :

Votre budget mensuel : Examinez attentivement vos factures mensuelles et le montant de votre contribution. Retirer du budget des éléments qui ne seront plus en place, comme les frais de garde d'enfants et de transport. Maintenant, gardez à l'esprit que cela peut prendre un peu de temps pour bâtir une entreprise assez pour couvrir les factures et autres dépenses. Si votre cotisation est essentielle à la rentabilité de votre famille, vérifiez vos économies : en avez-vous assez pour couvrir votre cotisation pendant au moins trois mois ? Six ou douze, ce serait encore mieux. Cette base est couverte ? Si ce n'est pas le cas, songez à faire la transition vers le travail à temps plein à la maison lorsque vous constituerez un fonds de réserve pour vous couvrir. Prendre un chemin lent et régulier dans la bonne direction est mieux que de ne pas prendre le chemin du tout ! Avec un peu de temps et de dévouement, vous pouvez réaliser votre rêve.

Vos frais supplémentaires prévus : Le démarrage d'une entreprise à domicile peut vous coûter du capital initial. En plus de vous assurer que votre famille est couverte financièrement pendant la transition, vous aurez besoin d'argent comptant pour installer un bureau, acheter de l'équipement, faire de la publicité, obtenir des permis et peut-être une assurance, etc. Il est possible d'obtenir un petit prêt commercial pour ces choses et aussi d'aider à les couvrir pendant les premiers mois. Gardez à l'esprit, cependant, que cela va démarrer votre entreprise dans le rouge. Parfois, il est préférable de sauvegarder et d'ouvrir les livres en noir.

L'estimation "Zone rouge" : Bien que vous ne puissiez pas planifier exactement quand votre entreprise commencera à faire de l'argent par jour, vous pouvez faire une estimation assez solide. Soyez réaliste et anticipez au moins une période de trois mois pour un bon développement. Cela vous aidera à déterminer le montant d'argent dont vous avez besoin dans votre compte bancaire pour rester à l'aise pendant que vous développez votre entreprise.

L'aspect financier des choses peut être une grande considération lorsque vous décidez d'arrêter de travailler dans un bureau et de faire la transition vers votre propre entreprise. Assurez-vous que les bases sont couvertes. Parmi les options qui peuvent vous aider, mentionnons les prêts, les subventions, l'épargne ou même commencer à travailler à temps partiel avec l'entreprise pour la bâtir. Cependant, l'argent n'est pas votre seule préoccupation.

Votre personnalité

Travailler à la maison est parfait pour certaines personnes, mais pas pour d'autres. Quoi qu'il en soit, c'est parfait tant que vous savez où vous en êtes. Vous pouvez être une excellente mère et travailler loin de la maison. Pour certaines personnes, travailler à la maison et essayer d'être des parents à temps plein ne profite pas à tout le monde. Tout se résume à la personnalité.

Alors, *avez-vous ce qu'il faut pour faire carrière chez vous ?* Posez-vous ces questions et répondez honnêtement :

Suis-je autodiscipliné ? Le travail à la maison fonctionne toujours. Ajoutez un nourrisson, un tout-petit ou un tout-petit et le travail devient deux en un en toute sécurité. Pour exploiter une entreprise ou même pour intégrer votre emploi à temps plein dans un environnement de télétravail, vous devrez faire preuve de discipline. Si vous êtes du genre à vous perdre lorsqu'un patron ne regarde pas par-dessus votre épaule, quitter le monde du travail quotidien n'est peut-être pas fait pour vous. Il existe des moyens de surmonter cet obstacle, mais il faut d'abord un peu d'autodiscipline.

Est-ce que je peux supporter de ne pas avoir l'interaction d'un "adulte" ? Travailler à la maison signifie passer beaucoup de temps avec de petites personnes. Certaines mères s'épanouissent dans les deux emplois lorsqu'elles les séparent. La vérité est que les mères qui travaillent à la maison manquent souvent de temps pour communiquer avec les adultes. Pour certains, ce n'est pas un problème à surmonter. D'autres, cependant, trouvent que traiter avec les clients par téléphone ou par courriel n'est pas suffisant pour l'interaction avec les adultes.

Suis-je assez motivé pour accomplir cela

? Le travail dans un bureau a tendance à être motivant en soi. Même ceux qui sont en retard peuvent s'épanouir dans un environnement où les échéances sont fixées par d'autres, où le travail est négligé et où la rémunération dépend du rendement. Travailler à la maison est vraiment un jeu différent. Si vous êtes motivé et que vous avez l'habitude d'être un entrepreneur, vous avez de bonnes chances de réussir.

Puis-je régler les heures et les conserver ? Travailler à la maison présente le danger de se préparer à trop travailler. Il est souvent préférable de fixer des "heures de bureau" et de s'y tenir. Bien sûr, vous voudrez prendre des congés de temps en temps pour visiter un parc, voir une pièce de théâtre dans une école et ainsi de suite, c'est très bien ! La question est de savoir si vous pouvez suivre un horaire sans patron sur une base régulière.

Travailler à la maison semble amusant et gratifiant. Pour beaucoup, c'est le cas.

D'autres découvrent simplement qu'ils ne s'épanouissent pas dans cet environnement. Soyez honnête avec vous-même et vous choisirez le bon chemin à suivre.

➢ *LA FAMILLE EN PREMIER LIEU*

Lorsque vous décidez de travailler à l'extérieur de votre domicile, vous n'êtes pas le seul à être touché par la décision. Votre mari, vos enfants plus âgés et toute autre personne vivant dans la maison en ressentiront également les effets. Dans la plupart des cas, avoir maman à la maison est important. Les familles, cependant, devront intervenir et aider. S'ils n'appuient pas votre décision, votre entreprise pourrait être morte dans l'eau avant même qu'elle ne commence.

Alors, *de quoi avez-vous besoin de la part de votre famille pour que votre entreprise à domicile réussisse ?* Assurez-vous que votre famille est prête à le faire

:

Aide à domicile : Il peut être très tentant pour les membres de la famille de laisser tout ce que vous avez à faire juste parce que vous êtes à la maison. Bien qu'ils aient pu vous aider à cuisiner, à faire vos courses, à faire la lessive, etc., lorsque vous travailliez à l'extérieur de la maison, cela pourrait cesser si vous n'agissez pas de façon proactive pour fixer les limites maintenant. Il est trop facile pour les conjoints et les enfants plus âgés de penser que juste parce que maman travaille à la maison, elle est toujours plus disponible pour faire d'autres tâches. Bien que vous puissiez en faire plus si vous pouvez faire plusieurs tâches à la fois, vous ne serez pas en mesure de le faire tous les jours.

Restez à bord : Avant de plonger, assurez-vous de discuter avec votre partenaire de l'idée de travailler à la maison. Si vous n'avez pas le soutien à 100 pour cent de votre partenaire, vous aurez probablement à livrer une bataille difficile. Assurez-vous de discuter de la situation avec un esprit ouvert. S'il y a de la résistance, partagez votre plan d'affaires, votre budget et d'autres documents à l'appui. Il est fort probable que votre partenaire aimera l'idée que votre enfant ne soit pas élevé à l'extérieur de la maison. Assurez-vous que votre partenaire est à bord et qu'il le restera.

Aider à jongler avec la vie à la maison et au bureau est difficile quoi qu'il arrive. Si vous dirigez votre propre entreprise, il y a des moments où vous devrez laisser tomber le proverbe sur les tâches ménagères, la garde d'enfants ou autre. Votre conjoint est-il prêt à prendre un jour de congé pour s'occuper d'un enfant malade si vous avez une vente importante à faire ? les enfants plus âgés ou les grands-parents iront-ils chercher un enfant plus jeune lorsque vous ne pouvez être là ? Assurez-vous d'avoir un bon système de soutien et la moitié de votre bataille sera gagnée.

Travailler à la maison peut sembler glamour et excitant. Ce n'est pas toujours comme ça. Elle peut présenter une série d'obstacles qui doivent être surmontés pour assurer le succès. Avant de plonger dans cette aventure, vous et votre famille devriez vraiment explorer si cette idée vous convient. Si c'est le cas, vous pouvez aller à toute vitesse pour vous amuser tout en gagnant de l'argent et aussi pour passer du temps avec vos enfants.

Les avantages de devenir une mère au travail peuvent être stupéfiants. Si vous avez désespérément besoin de plus de temps avec vos enfants et que vous voulez être là pour eux, mais que vous avez encore des obligations financières envers votre famille, cette solution est peut-être la meilleure. Prenez simplement le temps d'examiner la situation de près.

Comment surmonter les obstacles ?

Peu importe le type d'entreprise que vous prévoyez démarrer ou même si vous avez l'intention de devenir télétravailleur pour votre entreprise existante, il y aura des obstacles que vous devrez surmonter. Qu'il s'agisse des finances ou de vos propres craintes d'isolement, travailler à la maison tout le temps n'est pas nécessairement un arc-en-ciel et le soleil tous les jours. Tu auras de bons et de mauvais jours. Vous ferez même face à des obstacles qui se dressent sur votre chemin pour même commencer. Heureusement, il y a des choses que vous pouvez faire pour surmonter presque tous les obstacles qui se dressent sur votre chemin.

✓ **BLOCS FINANCIERS**

Peut-être le plus grand obstacle qui se dressera sur le chemin de la création d'une entreprise à domicile est la question de l'argent. Cela peut ne pas s'appliquer si vous allez devenir télétravailleur pour votre entreprise existante ou une autre. Cependant, si vous partez de zéro, cela peut être un gros obstacle à surmonter.

Pour obtenir la meilleure base de départ, examinez attentivement ce budget, comme nous l'avons suggéré plus tôt. Si vous n'y arrivez pas, ces conseils peuvent vous aider à obtenir l'argent dont vous avez besoin pour réaliser votre rêve :

Régime d'épargne : Cela peut prendre plus de temps que d'autres options pour surmonter les problèmes de liquidités, mais cela peut vous placer dans une meilleure situation financière à long terme. Au lieu d'emprunter de l'argent, ce découvreur d'obstacles vous demande simplement de commencer à épargner pour votre entreprise par vos propres moyens. Vous pouvez le faire en conservant votre emploi régulier et en économisant de l'argent grâce à vos chèques. Vous pouvez également envisager de lancer votre entreprise à temps partiel la nuit pour accumuler de l'argent comptant, des contacts et des revenus. Cette dernière option permet de garder l'argent de votre travail quotidien et peut l'augmenter avec l'entreprise à temps partiel. En général, il s'agit d'une façon assez prudente de surmonter les problèmes d'argent.

Prêts : Des prêts aux petites entreprises, des refinancements hypothécaires, des prêts hypothécaires de deuxième rang et d'autres options de prêt peuvent vous être offerts pour le démarrage de votre entreprise. Cet itinéraire peut commencer votre rêve et vous donner de l'argent à la banque pour vivre pendant un certain temps, aussi. Le danger ici, c'est que vous devrez faire les paiements. Essentiellement, le financement d'une entreprise au moyen de prêts consiste à commencer avec des livres en rouge. Néanmoins, si votre idée d'entreprise est assez bonne et que vos compétences sont assez élevées, il peut s'agir d'une bonne façon de le faire.

Subventions : Il est parfois possible d'obtenir des subventions pour démarrer une petite entreprise. Cela dépendra beaucoup de ce que vous comptez faire. Si vous êtes admissible à des subventions, il vaut la peine d'en faire la demande. Le fait est que les subventions peuvent vous donner l'argent dont vous avez besoin sans avoir à payer quoi que ce soit. Des subventions gouvernementales et de fondations peuvent être disponibles. Envisagez l'option, mais planifiez un excellent processus de demande. Si vous réussissez à obtenir des subventions, assurez-vous que l'argent va exactement là où vous avez dit qu'il irait aussi. Sinon, vous pouvez avoir beaucoup d'eau chaude !

La famille, les amis ou d'autres

connaissances de l'investisseur voudront peut-être entrer dans votre entreprise au rez-de-chaussée. Bien que ce soit probablement l'option la moins recommandée, elle peut nourrir vos rêves d'affaires assez rapidement. Comptez sur le remboursement de ces prêts ou offrez une partie de votre entreprise à ces "partenaires".

Les problèmes d'argent peuvent toujours être surmontés si vous êtes déterminé à le faire. Étudiez vos options et choisissez celle ou celles qui vous conviennent le mieux.

✓ *RÉSILIENCE FAMILIALE*

La résilience de la famille peut également être un problème lorsque vous envisagez de devenir une mère qui travaille. Si vous n'avez pas tout son soutien, vous pourriez avoir des ennuis.

Voici quelques conseils pour surmonter les problèmes qui peuvent survenir :

Soulignez les avantages : Assurez-vous que votre partenaire comprend bien ce que votre travail à la maison peut signifier pour votre famille. Même si vous aurez des tâches à accomplir, vous serez en fin de compte plus disponible pour votre famille.

Parlez à Économies potentielles : Indiquez combien vous économiserez sur l'essence, les dîners à l'extérieur, les repas-minute et la garde d'enfants. Ces dépenses peuvent s'accumuler très rapidement et peuvent même compenser toute perte à laquelle vous seriez confronté en quittant votre emploi actuel si c'est votre intention. Beaucoup de mères constatent qu'elles dépensent à peu près les mêmes sommes qu'au travail pour ces dépenses qui peuvent être éliminées d'une feuille de budget si vous travaillez à la maison.

Mettez en évidence les gains potentiels : Assurez-vous que votre famille sait qu'elle a fait ses devoirs pour votre idée d'entreprise. Montrez-leur les protections des profits, les clients potentiels et ainsi de suite. Si vous avez déjà des clients qui se sont inscrits, cela peut être un changement d'avis rapide, c'est certain.

Si votre partenaire n'est pas sûr que vous pouvez le faire, prouvez-le. Démarrez votre entreprise à temps partiel et faites-la croître avec soin. Une fois qu'il aura décollé, il sera possible de faire la transition et de ne pas mettre en péril le revenu de la famille. Gardez à l'esprit que votre partenaire appuie probablement votre décision à 100 pour cent, mais qu'il peut craindre " et si... ". C'est une bonne chose. Montrez à votre partenaire et à vous-même que vous pouvez le faire.

L'endurance familiale est généralement très facile à surmonter. Si vous avez fait vos devoirs, vous devriez être en mesure de vendre votre plan assez bien.

Cependant, si vous êtes comme la plupart des gens, le travail le plus difficile à vendre sera avec vous-même. Vous devez croire que vous pouvez le faire pour réussir à être une mère qui travaille à la maison. L'un des plus grands obstacles que vous rencontrerez sur ce front est l'isolement.

✓ CRAINTES D'ISOLEMENT

Travailler à la maison peut entraîner un sentiment d'isolement. Ne vous y trompez pas, vous devrez être proactif sur ce front. À moins que vous ne soyez parfaitement satisfait de traiter avec les gens uniquement par téléphone et par courriel, vous voudrez prendre des dispositions pour une vie sociale à l'avance. Gardez à l'esprit que certaines idées d'affaires vous feront sortir de la maison plus que d'autres, mais il est probable que vous voudrez faire un plan pour vaincre et surmonter vos craintes d'isolement.

Alors, *comment pouvez-vous vous assurer que vos besoins en matière de conversation, de réseautage et d'interaction avec les adultes sont satisfaits ?* Ces choses peuvent sauver la vie des mères qui travaillent à la maison :

Joignez-vous à un groupe de mères : C'est une excellente façon de sortir de la maison et de passer du temps avec votre tout-petit loin de votre nouveau "bureau". Lorsque vous vous joignez à un groupe de mères, vous pouvez rencontrer de nouvelles personnes et nourrir votre besoin de conversation. En même temps, vous donnerez à votre enfant l'interaction dont il a tant besoin. De nombreux groupes de mères offrent un programme complet d'activités parmi lesquelles vous pouvez choisir. Certains proposent même des soirées pour vous sortir de la maison juste avec les filles.

Si vous allez vendre, travailler comme consultant ou faire quoi que ce soit qui puisse vous faire sortir de la maison, profitez de ce temps au moins de temps en temps. Bien que le plan soit de travailler à la maison autant que possible, sortir plusieurs fois par semaine n'est pas une mauvaise chose. En fait, cela peut être bon pour vous et votre enfant. Une petite opportunité de paysages et de visages ne fait de mal à personne !

Joignez-vous à des groupes de travail en réseau : Prenez le temps de vous joindre à des groupes de travail en réseau, à votre chambre de commerce locale ou à d'autres organisations commerciales. Faites-le et vous pouvez faire d'une pierre deux coups. Non seulement vous apprécierez l'interaction des adultes, mais vous serez également en mesure de stimuler votre entreprise en même temps.

Allez aux réunions : Si vous prévoyez travailler à distance ou même à titre de consultant, assurez-vous d'assister aux réunions en personne de temps à autre. Cela vous sortira d'ici et vous donnera le temps de vous ressourcer parmi d'autres adultes qui travaillent.

Restez en contact avec vos amis : Faites

confiance au même réseau de soutien que vous avez depuis des années pour le faire fonctionner quand vous travaillez à la maison. Appelez vos amis pour sortir le soir avec des filles, vous amuser ou regarder des films le week-end. Ce n'est pas parce que tu travailles à la maison que tu ne peux pas sortir de la maison.

Soirées Date du régime : Prenez le temps de sortir avec votre conjoint(e) ou votre partenaire. Une nuit par semaine ou même une nuit par mois pour travailler en couple peut être un changement de rythme bien nécessaire. De plus, cela peut aider à garder votre relation fraîche et forte.

Profitez d'un passe-temps : Laissez la maison seule à la recherche d'un passe-temps que vous avez toujours voulu faire. Suivez un cours, apprenez à jouer au tennis, faites quelque chose que vous trouvez intéressant sur un plan personnel. Le bénévolat peut aussi être un excellent moyen de sortir et de faire quelque chose de bien. Même une heure par semaine en voiture pour servir les repas aux personnes âgées peut avoir un impact important sur votre psychisme. Gardez à l'esprit que ne rien faire d'autre que travailler et prendre soin de votre famille vous brûlera rapidement. Tu dois avoir quelque chose qui t'appartient aussi. Même si c'est une heure par mois à faire quelque chose que tu aimes, fais-le !

Ne vous inquiétez pas de travailler à la maison, ce qui fait de vous un isolationniste. Vous pouvez surmonter cet obstacle assez facilement.

Plus d'options

Nous avons déjà établi que vous travaillez sur une carrière depuis un certain temps. Cela vous donne un petit avantage lorsqu'il s'agit d'explorer vos options. Vous avez des compétences en place qui pourraient très probablement se traduire par une carrière en télétravail ou par une nouvelle entreprise qui vous appartient. C'est maintenant le moment d'explorer vraiment vos options et de décider comment vous pouvez faire en sorte que le travail à la maison fonctionne pour vous.

Si vous ne voulez pas mettre vos compétences actuelles au service d'une nouvelle entreprise, ne vous inquiétez pas. Il y a des options qui demandent très peu de temps pour se recycler. Certaines idées d'affaires sont également très intuitives, alors ne pensez pas que vous devez être catalogué pour faire ce que vous faites maintenant. Sauf si, bien sûr, tu le veux !

Jetons un coup d'oeil à certaines des options où vous pouvez ouvrir la porte.

• *TÉLÉTRAVAIL POUR VOTRE EMPLOYEUR ACTUEL*

Si vous travaillez pour votre employeur actuel depuis un certain temps et que vous aimez ce travail, mais que vous voulez rester à la maison, le télétravail peut vous convenir. Si votre employeur utilise déjà le télétravail, vous aurez un avantage. Sinon, prenez le temps d'en discuter avec votre superviseur et vos supérieurs.

Le télétravail est de plus en plus accepté dans les principaux lieux de travail. Il existe même un certain nombre d'entreprises Fortune 500 qui permettent à leurs employés de travailler à domicile en tout temps ou en partie. Les avantages d'apporter votre travail à la maison et de rester dans votre entreprise actuelle peuvent être considérables. Il s'agit notamment

Si vous faites à la maison ce que vous faites déjà au bureau, la courbe d'apprentissage sera inexistante. C'est une excellente façon d'avoir votre gâteau et de le manger, aussi.

Prolongation des prestations : Si vous restez employé dans votre entreprise actuelle, vous ne perdrez aucun des avantages offerts. Cela peut être un gros problème pour certaines familles, alors ne négligez pas la valeur.

Revenu garanti : Votre famille ne perdra pas un sou si vous travaillez à distance. En fait, vous pourriez finir par gagner plus d'argent grâce aux économies sur les coûts du travail à domicile dont nous avons déjà parlé. Cela peut être un grand avantage pour vous et votre famille. Il peut également servir d'outil pour convaincre votre famille que le travail à la maison est fait pour vous.

Le télétravail a ses avantages et ses inconvénients. Si vous choisissez de rester chez votre employeur actuel, vous serez limité à un salaire fixe. Il est fort probable que vos heures de travail seront également surveillées. Cela pourrait vous priver de certaines des libertés dont vous vous attendiez à jouir en travaillant à la maison. Examinez attentivement les hauts et les bas de cette option avant d'aller de l'avant. D'autres options sont disponibles.

- ### *CONSEIL DANS VOTRE DOMAINE*

Ok, alors peut-être que tu ne veux plus travailler pour ton employeur actuel. Ou peut-être avez-vous découvert que votre entreprise n'autorise tout simplement pas le télétravail pour quelque raison que ce soit. Ne prenez pas ça comme une barricade que vous ne pouvez pas franchir. Si vous avez développé vos compétences dans un domaine particulier, vous pourriez être en mesure de passer à un poste de consultant.

Si vous décidez d'engager un consultant, vous pourrez peut-être "travailler" pour votre entreprise selon vos termes et conditions. Veuillez noter, cependant, que vous perdrez votre statut de membre du personnel. Cela signifie aussi, cependant, que vous pouvez consulter d'autres entreprises qui peuvent bénéficier de vos connaissances, de votre expérience et de vos compétences.

Les consultants sont très en demande dans une variété de domaines. Des conseillers juridiques et opérationnels à la conception, en passant par la gestion et au-delà, de nombreuses entreprises se tournent régulièrement vers un ensemble d'"yeux" externes. Beaucoup sont également prêts à payer un bon prix pour des consultants professionnels.

Si vous voulez faire la transition vers un poste de consultant, pensez à ce qui suit pour mettre vos efforts en branle :

Rapprochez-vous de votre entreprise existante : Selon vos compétences, c'est peut-être le moyen le plus rapide de bénéficier d'un contrat de conseil solide. Votre entreprise peut se réjouir à l'idée de vous retirer de la liste de paie et d'économiser sur les avantages sociaux, mais elle a toujours vos compétences à sa disposition.

Joignez-vous à des organisations commerciales : Pour trouver d'autres possibilités, assurez-vous de vous joindre à des organisations commerciales et restez au courant des réunions, des publications et même des annonces de recherche en ligne que ces groupes affichent. Cela peut être une excellente façon de trouver du travail dans votre domaine sur une base de consultation.

Assurez-vous d'être sur la liste d'offres du gouvernement : Assurez-vous d'être sur la liste des fournisseurs de la ville, du comté, de l'état et des agences fédérales qui pourraient bénéficier de vos compétences. Les contrats d'experts-conseils du gouvernement peuvent surcharger les carrières et offrir des revenus stables.

Il existe des moyens de rester dans votre domaine actuel et d'utiliser les compétences que vous avez perfectionnées au fil du temps pour gagner de l'argent à domicile. Cependant, si vous voulez un changement complet, il existe des moyens de le faire avec peu ou pas de recyclage. Bien sûr, vous pouvez toujours vous recycler et sauter à nouveau si vous voulez entrer dans un nouveau champ tous ensemble.

"Écrivez" vos objectifs

Écrire pour gagner sa vie est l'une des options les plus stables et les plus lucratives pour les femmes au foyer expérimentées. Les écrivains indépendants sont très en demande dans presque tous les domaines imaginables. Comme de plus en plus d'entreprises prennent leurs affaires en ligne, elles ont besoin de gens pour écrire leur contenu, mettre à jour leurs blogs, créer des rapports spéciaux, etc. Cette option peut vous permettre de travailler dans votre domaine existant, d'analyser et de diversifier vos intérêts.

Si vous voulez vous mettre par écrit en tant que nouvelle entreprise, vous aurez besoin d'avoir quelques compétences de base. En plus de pouvoir enchaîner une phrase, vous devrez avoir un style d'écriture décent, comprendre la grammaire et être capable de faire face à la pression des délais.

Voici quelques-unes des options offertes aux rédacteurs pigistes :

- ✓ Blogging ;
- ✓ Rédaction de rapports ;
- ✓ Rédaction de relations publiques ;
- ✓ Création de contenu pour l'optimisation pour les moteurs de recherche ;
- ✓ Rédaction technique.

Écrire pour gagner sa vie peut être une option de carrière excitante et enrichissante. Pour les mères qui travaillent à la maison et savent écrire, les possibilités sont presque illimitées.

> ## ➢ *ET D'AUTRES DONNÉES SIMILAIRES.*

La dactylographie n'est peut-être pas votre truc, mais cela ne veut pas dire que vous ne pouvez pas mettre à profit vos talents de clavier. Les postes de saisie de données et autres emplois connexes sont toujours très recherchés par les travailleurs autonomes et les travailleurs à distance. Le fait d'avoir une formation professionnelle peut être un grand stimulant pour entrer dans ces domaines, aussi.

Certains des domaines connexes à prendre en compte au-delà de la saisie de données comprennent :

- ✓ Facturation médicale ;
- ✓ Transcription médicale ;
- ✓ Transcription ;
- ✓ Travailler comme assistant personnel en ligne ;
- ✓ Agent de facturation.
- -

➢ **VENTES**

Si vos compétences se situent dans le domaine de la vente, vous trouverez tout un monde de possibilités qui s'offrent à vous. En réalité, la vente est l'un des moyens les plus faciles d'entrer dans une entreprise, mais elle peut être l'un des plus difficiles à réaliser. Pourtant, si vous êtes doué, le ciel sera la limite.

Si les ventes vous semblent bonnes, les options connexes comprennent :

Travaillant comme un grand représentant, les entreprises établies qui vendent des articles ménagers, des cosmétiques et d'autres produits similaires recrutent des vendeurs en permanence. Dans ces cas, les fournisseurs sont des entrepreneurs indépendants qui établissent leurs propres horaires, travaillent sur leur propre territoire, etc. Cela peut être une excellente façon de "posséder" une entreprise sans avoir à réinventer la roue.

Possibilités de franchise : C'est une

autre excellente façon d'aller si vous voulez posséder votre propre entreprise et récolter toutes les récompenses. Le franchisage peut donner à votre entreprise une reconnaissance instantanée et le soutien dont vous avez besoin pour prendre un bon départ.

Autres possibilités : Il est possible de transformer un hobby en entreprise, de créer un produit à produire et à vendre, de lancer un site web, etc. Ces options peuvent dépendre des compétences que vous possédez déjà ou vous permettre d'en développer de nouvelles pour suivre une voie complètement différente. Ne négligez aucun détail à cet égard si vous voulez faire quelque chose de complètement différent.

Les possibilités de travailler à la maison ne sont limitées que par l'imagination. Que vous souhaitiez rester dans votre domaine actuel ou vous diversifier dans une toute nouvelle direction, il existe des moyens de réaliser votre rêve de travailler à la maison. Prenez simplement le temps d'explorer vraiment vos options, de faire vos devoirs et de voir quel chemin vous convient le mieux, à vous et à votre famille. Si vous avez besoin de recyclage ou de nouvelles compétences, détendez-vous. Vous pouvez commencer à vous entraîner un peu plus facilement que vous ne le pensez.

Votre apprentissage

Vous avez pris une décision, exploré vos options et découvert qu'une certaine formation sera nécessaire pour que vos rêves deviennent réalité. Ne vous inquiétez pas trop. De nombreuses options s'offrent à vous pour vous assurer d'obtenir la formation dont vous avez besoin. Dans de nombreux cas, vous pouvez continuer à travailler dans votre emploi de jour et étudier en ligne ou aller à l'école le soir. Dans certains cas, il peut même être possible de lancer votre nouvelle carrière à la maison tout en recevant une formation supplémentaire pour renforcer votre entreprise.

Quelles sont vos options pour obtenir la formation dont vous avez besoin ? Il y a trois options principales à considérer : le collège, les écoles techniques ou les programmes de certification.

• RETOURNER À L'UNIVERSITÉ

Si vous voulez faire un changement dramatique dans les domaines, l'université peut être la meilleure option pour vous. Grâce aux programmes menant à un diplôme en ligne, cependant, cela n'a pas à être aussi intimidant qu'il n'y paraît. Il est possible de travailler le jour et d'assister aux cours le soir.

Pour faciliter la rentrée des classes, voici quelques conseils :

Il y a des tonnes de programmes de bourses d'études et de subventions pour les femmes. Explorez chaque option et ne négligez aucun détail. Bon nombre de ces subventions et bourses d'études sont maintenant également disponibles pour les cours de premier cycle en ligne. Prêtez également une attention particulière aux bourses d'études pour les mères qui travaillent. Il y a des organismes qui paieront la totalité de la facture pour les mères à la recherche d'une nouvelle carrière.

Si vous avez déjà un diplôme, vous n'aurez peut-être besoin que de quelques cours pour obtenir la formation dont vous avez besoin. Gardez cela à l'esprit. Si vous avez besoin d'un programme d'études complet, concentrez-vous sur l'avenir pour aller de l'avant.

Bien sûr que tu veux faire des affaires maintenant ! Si ce n'est pas possible, ne vous précipitez pas trop vite. Travailler, aller à l'école et prendre soin d'une famille peuvent représenter beaucoup de travail. Essayez de ne prendre que ce qui est raisonnable et de travailler fermement vers le but ultime.

Retourner à l'université et obtenir un nouveau diplôme peut être un excellent moyen de se recycler pour une nouvelle carrière. Cela peut prendre un peu plus de temps que les autres options, mais c'est un bon moyen de recommencer à zéro.

• *ÉCOLES TECHNIQUES*

Les écoles techniques peuvent fournir la formation nécessaire pour une variété de carrières. De la conception et la vente de sites Web à la réparation d'ordinateurs et au-delà, cette option peut être excellente pour plusieurs raisons. Il s'agit notamment

Coûts : Les écoles techniques, surtout s'il s'agit d'écoles d'État ou de comté, ont tendance à être beaucoup plus abordables que les collèges.

Programmation : Les écoles techniques ont tendance à avoir des horaires très flexibles. Dans de nombreux cas, les études peuvent être très courtes, mais elles permettent quand même d'acquérir les compétences nécessaires pour commencer une nouvelle carrière.

Apprentissage ciblé : Les programmes techniques n'impliquent pas beaucoup de cours "supplémentaires" que les diplômes universitaires standard ont tendance à exiger. Cela peut vous permettre d'aller droit au but plutôt que d'avoir à tourner les roues sur Basket Weaving 101.

- ***PROGRAMMES DE CERTIFICATION***

Les programmes de certification à court terme peuvent être la solution parfaite pour certains domaines professionnels. La transcription médicale, la facturation et même la conception de sites Web, par exemple, peuvent souvent être apprises dans le cadre de programmes de certification de "cours intensifs". C'est une excellente façon de le faire pour un certain nombre de raisons, dont les suivantes :

Temps requis : Les programmes de certification sont habituellement de très courte durée, mais ils offrent la formation nécessaire pour réussir dans certains domaines professionnels. Lorsque les certifications sont combinées avec un diplôme existant, un cursus général peut être très attractif.

Coûts en jeu : Bien que les prix des programmes de certification varient, bien sûr, ils sont généralement beaucoup plus abordables que les programmes menant à un grade complet.

Apprentissage ciblé : Tout comme les écoles techniques, les programmes de certification offrent également un cours d'apprentissage très spécifique. C'est excellent pour ceux qui ne veulent pas passer beaucoup de temps dans des cours qui n'ont rien à voir avec le but ultime de leur carrière.

Si l'entreprise de votre choix exige une certaine forme de recyclage pour connaître du succès, ne paniquez pas. Il existe des options à votre disposition qui peuvent accélérer l'effort d'apprentissage. Il est même possible de réduire les coûts dans de nombreux cas grâce à des subventions et des bourses d'études. Ne laissez pas l'entraînement vous empêcher de réaliser vos rêves.

Les bons emplois

Vous avez choisi votre domaine, conçu vos plans et êtes prêt à partir. La question est maintenant de savoir comment commencer à gagner de l'argent. À moins que vous ne travailliez à distance pour un employeur existant, vous aurez besoin d'un plan de match pour obtenir des contrats. Au début, obtenir les bons emplois prendra probablement beaucoup de votre travail. Cependant, il existe des méthodes qui peuvent vous aider. Ce qui fonctionne le mieux dépendra de votre poursuite exacte.

- ## *PUBLICITÉ PAIE*

Que vous ayez l'intention de vendre un produit ou un service, la publicité sera vitale pour votre entreprise. Votre domaine réel peut, cependant, avoir un impact sur les meilleurs endroits où placer vos dollars publicitaires. Pour commencer à attirer des clients, considérez ces véhicules publicitaires potentiels :

Sources locales : Les journaux communautaires, les stations de télévision et les stations de radio peuvent être un bon point de départ si vous ne voulez pas étendre votre entreprise au-delà de votre région. Selon le type de course que vous avez l'intention de poursuivre dans votre pays, ces véhicules peuvent donner une impulsion incroyable à une entreprise.

Publications commerciales : Si vous avez l'intention de consulter, les publications commerciales peuvent vous fournir la clé pour ouvrir la porte du succès. La publicité dans ces publications mettra le nom de votre entreprise sous les feux de la rampe avec des gens de domaines qui pourraient avoir besoin de votre aide.

Les sites Web font la différence : Quel que soit le domaine dans lequel vous entrez, il peut être très utile de faire de la publicité en ligne pour votre entreprise. Si vous vendez, vous pouvez vendre directement en ligne. Si vous fournissez un service, vous pouvez obtenir des affaires en utilisant un site Web pour en faire la promotion. Les entreprises qui ont des sites Web étaient autrefois une rareté. Aujourd'hui, cela est considéré comme la marque de fabrique d'une entreprise professionnelle. Même les consultants ont leurs propres sites et parfois des blogues pour expliquer ce qu'ils font, comment ils le font et pourquoi ils devraient faire le travail.

Publicité créative : Si vous prévoyez vendre un produit ou fournir un service que la population générale peut utiliser, comme la comptabilité, la tenue de livres, etc., la publicité créative peut vous aider à démarrer. Des panneaux d'affichage, des annonces bancaires, des brochures et d'autres options semblables peuvent vous aider à faire parvenir votre entreprise à destination.

- ## *LES SERVICES D'EMPLOI PEUVENT AIDER*

Le recours à la consultation ou même l'offre de compétences en tant que pigiste peut être un bon moyen d'y parvenir. Afin d'obtenir des emplois dans ce domaine, il peut parfois être utile de travailler directement avec des agences de placement. Puisque ce sont généralement les employeurs qui paient pour ces services, vous n'avez rien à perdre en suivant cette voie et tout à gagner.

Certains des avantages de travailler avec les services d'emploi comprennent :

Accédez à vos contacts : Les agences de placement établies ont tendance à avoir une longue liste de clients. Cela signifie qu'ils peuvent potentiellement vous faire passer la porte avec des contrats que vous n'avez même pas rêvé d'obtenir.

Le facteur de défense : Les services

d'emploi ne gagnent pas d'argent à moins qu'ils ne trouvent les bons professionnels pour l'emploi. À cette fin, ils s'efforcent de jumeler directement les pigistes, les consultants et les entrepreneurs privés avec les entreprises qui peuvent utiliser leurs services. Il n'y a jamais de mal à avoir les avocats de votre côté quand vous essayez de commencer une aventure à la maison !

Le facteur spécialité : Il existe des agences de placement qui se spécialisent dans les relations avec les entrepreneurs et les consultants. Il y a même ceux qui travaillent exclusivement dans un domaine particulier. Établir des liens avec la bonne agence peut vraiment ouvrir des portes et servir de tremplin incroyable pour votre entreprise à domicile.

• *LES SITES WEB PEUVENT ÊTRE UN EXCELLENT CHOIX*

Si votre plan est de travailler plus ou moins dans l'arène en ligne, être en ligne non seulement avec votre propre site, mais aussi par le biais de sites Web d'emploi peut vraiment payer. Un grand nombre de sites Web liés à l'emploi ont vu le jour pour mettre les travailleurs autonomes et les propriétaires de petites entreprises en contact avec des employeurs contractuels potentiels. Les avantages de l'utilisation de ce type de services comprennent :

Faibles coûts : Les meilleurs services de recherche d'emploi en ligne facturent des frais d'adhésion, mais dans l'ensemble, les prix ont tendance à être bas. Pour quelques dollars par trimestre, vous pourriez vous retrouver avec plus d'emplois que vous ne pouvez en gérer.

Processus d'appel d'offres : C'est la raison pour laquelle il peut être très utile de passer par les services d'emploi en ligne. Si vous avez l'intention de travailler en tant qu'entrepreneur ou consultant, le processus d'appel d'offres en ligne peut vous aider à voir où vous pourriez avoir besoin d'apporter des améliorations. Si, par exemple, vous n'êtes pas assez agressif, vous apprendrez rapidement. En outre, certains environnements d'appel d'offres sont ouverts. Cela signifie que vous serez en mesure de voir ce que votre concurrence vous facture. Cela peut vous aider à rester compétitif et à trouver des emplois dans l'avenir.

Exposition : Les sites d'emploi en ligne ont tendance à attirer une grande variété d'employeurs potentiels. Dans de nombreux cas, les employeurs peuvent venir du monde entier. La visibilité que vous et votre entreprise pouvez obtenir en utilisant ces sites est incroyable.

Formation : En plus d'apprendre à gérer la concurrence, l'ensemble du processus d'aller en ligne pour obtenir des affaires peut servir de grande formation pour les autres entreprises. Une fois que vous maîtrisez la préparation des dossiers d'appel d'offres, par exemple, vous serez peut-être mieux préparé à passer par un processus d'appel d'offres gouvernemental.

- ### *LES FRANÇAISES*

Les franchisés ont tendance à avoir une longueur d'avance. Si vous avez opté pour cette route, vous bénéficierez immédiatement de certains avantages en ce qui concerne le démarrage de votre activité d'atterrissage. Ces choses incluent :

Formation : La plupart des grandes franchises et même certaines des plus petites offrent une formation non seulement sur le modèle commercial, mais aussi sur la publicité et le marketing.

Reconnaissance instantanée : Les franchisés ont l'avantage d'avoir un nom reconnu. En soi, cela peut apporter des affaires immédiatement. Si vous choisissez une franchise moins connue, assurez-vous d'avoir un bon modèle d'affaires et un produit ou service de qualité. Il est bon d'entrer au rez-de-chaussée pendant la construction de la reconnaissance. Assurez-vous juste que l'entreprise est vraiment une entreprise que vous pouvez soutenir. Si vous n'êtes pas convaincu de l'existence d'une entreprise, il y a de fortes chances que personne d'autre ne l'est.

Publicité de groupe : De nombreuses franchises mènent des campagnes publicitaires nationales. Pour ce faire, ils utilisent une partie des redevances de franchise qui leur sont versées. Dans certains cas, les franchisés d'une région locale peuvent aussi choisir de faire du " magasinage de groupe " pour profiter de plus de publicité. Chaque franchisé d'une région, par exemple, versera un montant X de dollars pour une grande campagne. Cela augmente l'exposition sans coûter trop cher au propriétaire de l'entreprise.

• *RÉSEAU DE TRAVAIL*

Peu importe le domaine dans lequel vous avez décidé de travailler, si vous avez l'intention de posséder votre propre travail à la maison, le réseautage sera important. Bref, c'est une autre forme de publicité. Il n'est toutefois pas nécessaire que cela coûte trop cher et peut être amorti à l'aide d'une tonne de récompenses.

Il y a un certain nombre d'options sur la face avant des réseaux. La ou les meilleures options pour vous dépendront du type d'entreprise dans laquelle vous prévoyez vous lancer. Voici quelques-unes de vos options de réseautage :

Chambres de commerce : Peu importe le domaine dans lequel vous avez l'intention d'entrer, cela peut être une excellente option pour atteindre votre marché local. Lorsque vous vous joignez à une caméra, non seulement vous ferez connaître votre entreprise, mais vous profiterez également de l'occasion de vous éloigner de votre " bureau à domicile ". De plus, de nombreuses caméras offrent de précieuses séances de formation professionnelle à un coût très faible pour les membres.

Réseaux en ligne : Il existe des groupes en ligne qui aident les propriétaires d'entreprises opérant sur le Web à apprendre à se connaître. C'est une excellente façon d'entrer en contact avec d'autres entrepreneurs. Si vous avez l'intention de travailler en tant qu'entrepreneur ou consultant, ces groupes peuvent aussi donner des résultats avec des affaires sérieuses.

Groupes de réseautage : Comme les chambres de commerce locales, ces groupes peuvent être très utiles pour faire connaître votre nom dans votre communauté. Les groupes de travail en réseau ont également une fonction sociale et éducative plutôt bénéfique. Il n'y a jamais de mal à avoir d'autres personnes dans votre situation à qui parler et dont vous pouvez apprendre.

Commandites : Il s'agit d'une façon

différente de faire connaître le nom de votre entreprise à la communauté locale, mais cela peut en valoir la peine. Parrainez un événement local, une équipe sportive, une classe. Faites connaître votre nom aux gens qui vous reconnaîtront pour votre loyauté envers la communauté et vous paieront avec leur soutien.

Obtenir les bons emplois peut nécessiter un effort concerté. Vous aurez besoin de savoir où chercher, comment faire passer le mot sur vous-même et comment établir un bon réseau. Ne vous inquiétez pas si vous n'avez jamais fait ça avant. Il vous parviendra à temps. La publicité est la partie facile, mais ça coûtera de l'argent. Le réseautage peut être un peu difficile pour les timides, mais cela peut être aussi important que n'importe quel type d'annonce payante que vous pouvez trouver.

Comment mettre en place un bureau à domicile ?

Vous avez pris une décision et vous avez l'intention de travailler à la maison. Tant mieux pour vous ! Même si vous avez votre domaine de prédilection, l'argent en place et un plan d'affaires prêt à démarrer, il y a encore du travail à faire. L'une des mesures les plus importantes et les plus importantes n'a peut-être pas encore été prise. Pour travailler à la maison et réussir, vous avez besoin d'un endroit à vous.

Oui, bien sûr, tu veux être avec ta famille et au milieu de tout ça. Cependant, si vous n'avez pas de bureau pour appeler le vôtre quand vous en avez besoin, vous pourriez le regretter. Le fait est qu'il peut être embarrassant de passer des appels téléphoniques à des clients dont un jeune enfant crie en arrière-plan. Rédiger des rapports sur la date limite pendant que votre famille regarde la télévision peut être une distraction. Pour surmonter et conquérir ces problèmes, vous aurez besoin d'un bureau à domicile. De plus, le fait d'en avoir un vous donnera droit à une déduction fiscale intégrée !

Pour qu'un bureau à domicile fonctionne vraiment pour vous, il vaut la peine d'explorer ce dont vous avez vraiment besoin. C'est aussi une bonne idée de se rappeler pourquoi il est important d'avoir son propre espace.

➤ *CE DONT VOUS AVEZ BESOIN*

Un bureau à domicile n'a pas besoin d'être complexe pour être efficace. La quantité ou la quantité d'espace requise dépendra de vos goûts personnels et de l'espace dont vous disposez. En général, tant qu'il y a des raccordements aux services publics - téléphone, câble, etc. -

et une porte, vous devez être prêt. Même des problèmes utiles peuvent être résolus avec des réseaux sans fil et des câbles d'extension.

Au-delà de l'espace, vous avez probablement besoin de ces choses pour mettre en place un bureau à domicile correctement :

Un bureau : Elaborer n'est pas important ici. Vous pouvez aller aussi simple que d'utiliser un morceau de bois placé sur deux classeurs. Tant que vous disposez d'un espace de travail pour vos documents et dossiers importants et que vous êtes bien sur ce front.

Ordinateurs et autres équipements : Presque tous les domaines dans lesquels vous entrez ont besoin d'un ordinateur de nos jours. Si vous avez l'intention de télétravailler pour votre employeur actuel, c'est probablement une nécessité. Même si vous voulez commencer une nouvelle carrière, avoir un ordinateur sur lequel travailler peut être très sage. Investissez dans une bonne machine et assurez-vous d'en avoir une de secours. Rien ne peut mettre de côté une entreprise plus rapidement que des problèmes informatiques ! Il pourrait également être une bonne idée d'envisager des services de sauvegarde en ligne de disque dur pour s'assurer que vos bases sont couvertes en cas d'accident. Au-delà de la configuration de base d'un ordinateur, vous devrez considérer des choses telles qu'un téléphone, un photocopieur et un télécopieur. Si votre domaine nécessite un équipement spécial, vous devrez également le planifier.

Une porte : Encore une fois, vous n'avez pas à travailler tout le temps au bureau central. Si vous voulez être dans la cuisine avec un ordinateur portable pendant que vous préparez le dîner, c'est vous le patron ! Cependant, avoir une porte à fermer quand c'est nécessaire peut être impératif pour la concentration. Il peut aussi vous rappeler que vous êtes "à l'heure". De plus, le fait d'avoir une porte peut aussi rappeler aux membres de la famille que vous êtes " à l'heure ". N'oubliez pas que votre famille peut disposer d'une période d'adaptation suffisamment longue pour que vous puissiez travailler à la maison. L'espace privé peut être un excellent rappel que le fait que maman soit à la maison ne signifie pas qu'elle peut gérer tous les problèmes qui surviennent.

➢ *POURQUOI AVEZ-VOUS BESOIN D'UN BUREAU À DOMICILE ?*

Même si votre maison est petite et qu'il est difficile de trouver un espace pour la sculpter, faites-le. Que vous gardiez un coin de garage, utilisiez un placard ou réclamiez une pièce supplémentaire, vous n'avez qu'à réclamer un espace !

Les raisons pour lesquelles c'est si important incluent :

- ✓ L'intimité ;
- ✓ Professionnalisme ;
- ✓ La déduction fiscale, qui peut être très importante ;
- ✓ Votre santé mentale !

Un bureau à domicile peut être un peu compliqué à créer, mais cela peut valoir la peine de vous donner l'espace dont vous avez besoin pour travailler. Quel que soit votre travail à la maison, l'intimité sera appréciée. Vous pouvez compter dessus !

➢ CONSEILS POUR RÉUSSIR

Bien que la voie du succès puisse varier grandement selon l'entreprise que vous prévoyez suivre, il y a quelques conseils généraux qui peuvent vous aider quoi qu'il arrive. Certains des meilleurs conseils pour les mères comprennent :

Soyez patient : Travailler à la maison peut être très gratifiant. Cela peut aussi être terriblement frustrant. Lorsque votre enfant de 8 ans vous raconte la même histoire pour la cinquième fois alors que vous êtes en retard, votre patience risque de s'épuiser. Respirez profondément, comptez jusqu'à dix et expliquez que vous aimeriez l'entendre dans un moment.

Croyez en vous-même : Comme vous n'êtes pas un étranger dans le monde du travail grâce à votre carrière originale, vous devriez avoir un avantage dans ce cas. Néanmoins, il peut être très décourageant d'avoir sa propre entreprise et de ne pas avoir une "entreprise" vers laquelle se tourner. Croyez en vous-même, faites le point sur vos capacités et avancez à toute allure. Si vous avez pu profiter d'une carrière réussie en travaillant pour quelqu'un d'autre, il n'y a aucune raison que vous ne puissiez pas tout faire pour vous-même !

Fixez des heures de travail : Cela ne peut pas être assez stressant. Vous devez établir une routine pendant la plupart des

jours pour pouvoir travailler à la maison.
Si vous préférez passer la journée avec
vos enfants, faites-le. N'oubliez pas de
" performer " quand vous allez vous
coucher. Tu dois rester avec elle pour faire
une aventure à la maison.

Faites-vous connaître : Prenez le temps
de faire connaître votre entreprise. Si tu
ne le fais pas, personne d'autre ne le fera.
Votre succès final réside non seulement
dans vos compétences, mais aussi dans
votre capacité à attirer des clients et à
conclure des contrats.

Soyez persévérant : Le lancement de
tout type d'entreprise exige du temps et
du dévouement. Si vous travaillez à la
maison, vous serez toujours confronté aux
mêmes obstacles que toute entreprise.
Vous devrez faire preuve de diligence et
de persévérance pour les surmonter.

Gardez vos contacts ouverts : Vous
quittez une carrière dans une entreprise
pour rester à la maison avec votre famille

et démarrer votre propre entreprise. Assurez-vous de garder ouverts les contacts que vous avez établis au fil des ans. Ils peuvent être de précieuses sources d'affaires pour vous à l'avenir. Cela n'aura pas d'importance si vous restez dans votre domaine ou si vous prévoyez de suivre une voie légèrement différente. La réalité est que votre réputation actuelle peut vous aider beaucoup, peu importe le domaine dans lequel vous entrez. Faites savoir à vos anciens contacts ce que vous faites et gardez vous et votre entreprise au premier plan de leurs préoccupations.

Soyez réaliste : Ne vous attendez pas à construire une entreprise Fortune 500 à partir de votre garage en 10 jours ou moins. Bien qu'il s'agisse d'un objectif fantastique, il n'est pas prudent de s'attendre à un tel succès dès le départ. Vous pourriez vous décourager et nuire à vos chances d'atteindre votre but. Assurez-vous simplement que vos attentes sont réalistes.

Apprendre à faire plusieurs choses à la fois : Vous avez décidé de rester à la maison pour une seule raison : votre famille. Assurez-vous de leur faire gagner du temps. Au fur et à mesure que vous travaillez dans votre entreprise, il se peut que vous deviez accomplir plusieurs tâches à la fois. Apprenez à préparer le dîner pendant que vous êtes au téléphone. Passez des appels tout en faisant la queue devant la voiture scolaire de votre enfant. Préparez des publipostages de masse en regardant la télévision en famille le soir.

Ne vous oubliez pas : Il peut être très tentant de mettre tout ce que vous avez dans votre famille et dans votre entreprise. Bien que cela puisse sembler une bonne idée, cela pourrait vous brûler rapidement. Assure-toi de gagner du temps. Cela vous aidera à vous détendre, à vous détendre et à vous ressourcer. Même 20 minutes par jour à lire une série de livres préférés, méditer ou faire du jogging peuvent vous donner le temps dont vous avez besoin pour être vous-même. N'en tenez pas compte et votre famille, votre entreprise et vous tous en souffrirez probablement.

Les avantages....

À moins que vous n'ayez décidé de télétravailler pour votre employeur actuel, il s'agit probablement d'une question qui vous tiendra éveillé la nuit. Même lorsque vous avez fait vos devoirs et que votre entreprise est prête à démarrer, la question des profits peut rester sans réponse.

Alors, comment pouvez-vous combler les lacunes qui se présenteront lorsque vous quitterez un emploi à temps plein pour un poste au domicile de votre création ?

Heureusement, vous avez des options. La plupart des mères actives peuvent couvrir leurs besoins en matière d'assurance maladie, de retraite et même d'épargne. Ne laissez pas cet obstacle agir comme une pierre d'achoppement.

➤ *RÉPONDRE AUX BESOINS MÉDICAUX*

La couverture médicale, dentaire et visuelle est généralement l'une des plus grandes préoccupations des femmes professionnelles qui envisagent de s'installer dans une entreprise à domicile. Des options sont disponibles. Ce qui fonctionne le mieux pour vous dépendra de la situation unique de votre famille. Voici quelques-unes des options que vous voudrez peut-être explorer :

Mettre la famille sous votre assurance "Couple significatif" : Si votre partenaire a une assurance par le biais de votre lieu de travail, votre règlement est assez facile. Vous et les enfants pouvez être ajoutés à votre police. La plupart des entreprises permettent des changements de mi-année comme celui-ci si un grand événement s'est produit dans une famille. Dans le pire des cas, vous devrez attendre jusqu'à ce que l'inscription soit ouverte.

Options de police d'assurance privée : Il est possible de souscrire une assurance privée pour vous couvrir, vous et votre famille. Toutefois, n'oubliez pas que de nombreuses polices d'assurance privées ne couvrent pas les affections préexistantes. Certaines conditions médicales rendront, en fait, impossible l'achat de polices d'assurance privées pour des particuliers.

Options de groupe : Il s'agit d'une solution pour les personnes souffrant de maladies préexistantes. Il est possible de mettre une entreprise à domicile dans un pool de groupe. Le résultat final sera une politique semblable à celle offerte par un employeur régulier. Cela signifie qu'une personne atteinte d'un problème de santé ne peut se voir refuser la couverture. L'inconvénient est que les coûts peuvent être très élevés. Cependant, l'option peut être une bonne solution pour ceux qui en ont besoin.

Couvrir vos besoins médicaux n'est

peut-être pas aussi difficile ou aussi coûteux que vous le pensez. Explorez toutes les options et choisissez celle qui convient le mieux à votre famille.

> ➤ ***RETRAITE.....***

L'assurance maladie est la première et la plus grande préoccupation des femmes professionnelles lorsqu'elles décident de faire la transition vers le travail à domicile. Mais ce n'est pas la dernière. Il peut être tout aussi important de s'assurer que des prestations ou des épargnes de retraite sont en place. Veuillez noter que vous serez votre propre patron dans la plupart des scénarios dont nous avons discuté. Cela signifie que si vous n'épargnez pas en vue de la retraite, personne d'autre ne le fera probablement en votre nom.

Alors, *comment pouvez-vous vous assurer d'avoir un nid d'épargne pour votre âge d'or ?* Ces options s'offrent à vous :

Comptes de retraite individuels : Les comptes individuels peuvent être très avantageux pour épargner pour l'avenir. Non seulement ont-ils tendance à offrir de bons gains de taux d'intérêt, mais ils peuvent aussi compenser leurs gains au moment de l'impôt. Toutefois, en raison des limites de cotisation, vous voudrez peut-être avoir plus que cette carte dans votre manche.

401ks : Ce véhicule d'épargne-retraite peut ajouter un autre véhicule à votre régime d'épargne-retraite. Vous devrez consulter une société de placement de retraite pour savoir comment en créer une. Toutefois, si vous constituez votre entreprise en société, cette option doit vous être offerte.

Actions et obligations : Ces titres peuvent s'avérer un peu risqués, mais ils peuvent être récompensés par de grosses récompenses. Mais faites attention et ne mettez pas tous vos œufs dans le même panier.

Autres options : Il existe de nombreux autres instruments de placement qui peuvent vous aider à remplacer un compte de retraite garanti par l'entreprise. Pensez à investir dans l'or, l'immobilier et d'autres placements corporels similaires. Si votre entreprise est une entreprise qui pourrait éventuellement être vendue, elle pourrait aussi être considérée comme un placement de retraite.

Ce n'est pas parce que votre ancien employeur ne finance pas une police de retraite que vous ne pouvez pas épargner pour votre avenir. Avec un bon plan et un peu de discipline, vous pouvez vous assurer d'avoir une réservation pour rendre votre Golden Years plus confortable.

➤ AUTRES ÉPARGNES

La retraite ne sera pas ou ne devrait pas être la seule épargne que vous considérez lorsque vous lancez une nouvelle entreprise à domicile. Vous voudrez probablement aussi qu'un fonds pour les mauvais jours soit mis sur pied. Ceci peut être utilisé pour couvrir vos affaires en période de ralentissement. Vous pouvez aussi le vouloir pour faire des économies générales pour les vacances, les améliorations domiciliaires et les urgences.

Parmi les options qui vous permettront d'améliorer votre argent par rapport à l'épargne globale, mentionnons les suivantes :

Comptes du marché monétaire : Ce type d'instrument d'épargne ne vous fera pas gagner une petite fortune, mais vous pouvez vous assurer que votre argent épargné vous rapportera quelque chose. La plupart des banques offrent ces services et offrent des intérêts pour que vous puissiez laisser votre argent travailler pour vous.

Obligations d'épargne à court terme des États-Unis : Les obligations et autres obligations à court terme peuvent être un bon moyen de tirer un peu plus de votre épargne.

Placements faciles à liquider : Certains placements comme l'or, les pièces de monnaie de collection ou les timbres-poste peuvent aussi bien fonctionner pour l'épargne en cas de temps de pluie. Ils peuvent également être un bon moyen de gagner un peu d'argent sans prendre de gros risques dans le processus. Il n'est pas prudent de les utiliser comme seule forme d'épargne, mais ils peuvent être inclus dans un plan global.

Remplacer les prestations n'est pas aussi difficile qu'il n'y paraît. Des véhicules sont disponibles pour la plupart des mères au foyer afin de rendre l'assurance de base possible.

Comment bien gérer la maison et le travail

Si vous avez l'habitude de travailler dans un bureau et d'avoir une démarcation claire entre le travail et la vie familiale, jongler peut être un grand défi. La réalité est que si vous prenez la décision consciente d'être une mère qui travaille à domicile - même si vous travaillez à distance - vous brouillerez les frontières qui créent des limites. Pour tout équilibrer, vous aurez besoin d'un plan.

Ces conseils peuvent vous aider :

Apprenez à établir des priorités : Puisque vous serez celui qui sera à la maison, vous aurez probablement beaucoup plus de choses à faire. Vous vous sentirez obligé non seulement de prendre soin de votre enfant et de votre entreprise, mais aussi de votre maison. Tu ne peux pas tout faire. Il sera essentiel d'apprendre à prioriser ce qui doit être fait et ce à quoi vous pouvez vous attendre. De la même façon, nous apprendrons aussi à déléguer certaines tâches à d'autres membres de la famille lorsque c'est possible.

Apprenez à lâcher prise : si vous avez un enfant malade et un gros contrat en jeu, vos priorités sont claires. Ces deux choses exigeront votre attention. Si vos vêtements s'empilent et que votre vaisselle ne lave pas, laissez-les partir. Ils attendront jusqu'à demain. Votre fils et votre client non !

Apprenez comment demander de l'aide : Tu es incroyable, mais tu n'es qu'un humain. Il aura parfois besoin d'aide. N'ayez pas peur de demander.

Ayez un plan de secours : Il y aura quelques jours où vous ne serez pas en mesure de suivre votre enfant et son travail ainsi. Assurez-vous d'avoir un plan de secours en place. Demandez à un parent de s'occuper de l'enfant ou même de s'occuper de l'enfant dans une garderie locale. C'est normal de ne pas toujours être l'aidant naturel. En fait, il arrive parfois que les enfants réussissent mieux la socialisation si on leur permet d'être dans des groupes de temps à autre.

*Tirez le meilleur parti des temps d'arrêt : Profitez de tous les temps d'arrêt dont vous disposez pour traiter les projets qui doivent être achevés. Pendant que votre bébé dort, par exemple, passez vos appels. Pendant que votre enfant prend son petit déjeuner, commencez à préparer le dîner dans une mijoteuse. N'oubliez pas de vous donner un peu de temps.

Passer d'une femme qui travaille dans un bureau à une mère qui travaille à la maison peut être une grande transition. Sois gentil avec toi-même et apprends à garder les choses en perspective. Vous pouvez jongler avec beaucoup de balles à la fois. Cependant, vous ne pouvez pas faire tout le temps seul.

Conclusion

Travailler à la maison n'est pas pour tout le monde. Assurez-vous d'explorer vraiment les options et de tenir compte de vos motivations. Si vous savez que vous vivez et respirez en travaillant dans un bureau avec beaucoup de gens autour de vous, vous ne serez peut-être pas heureux à la maison. Bien que cela semble bien de pouvoir passer du temps avec votre enfant, si vous voulez vraiment être dans un bureau avec des gens, vous pouvez rendre tout le monde malheureux si vous le faites différemment. Si votre personnalité ne correspond pas au profil du travail à la maison, ne paniquez pas. Tu peux faire carrière loin de chez toi et être une excellente mère. Reconnaître que vous avez besoin de quelque chose de différent peut être bon pour votre enfant.

Maintenant, si vous avez décidé que

déménager est vraiment bon pour vous, vos chances de succès devraient augmenter. Pour franchir une étape sérieuse dans votre carrière à la maison, vous aurez besoin d'avoir un plan en place. Cela devra inclure un financement de démarrage, un plan d'affaires et même des perspectives en matière de publicité, de marketing et de clientèle. Faites vos devoirs et allez-y avec prudence. En un rien de temps, votre entreprise devrait être opérationnelle.

N'oubliez pas qu'en travaillant à la maison, votre terrain de jeu a considérablement changé. Vous devrez être capable de jongler, de faire preuve de patience et de garder le sens de l'humour. Le travail sera important, mais votre autre travail aussi : être mère.

Fixez-vous des objectifs et essayez de les atteindre. Toutefois, faites preuve d'une certaine souplesse. Il y aura des jours où vous ne pourrez pas entrer dans le "bureau" avant minuit et d'autres où tout se passera bien, de la routine matinale au coucher. La beauté d'être une mère qui travaille à la maison, c'est que vous devez avoir la capacité de vous adapter aux besoins de la journée. Cet avantage particulier peut valoir la peine tous les efforts nécessaires pour lancer une entreprise à domicile.

Devenir une mère au travail à la maison est très important pour une femme de carrière. Tenez bon et soyez patient. Si vous faites cela, vous pouvez réaliser vos rêves.

Rappelez-vous simplement que tout ne se passera pas du jour au lendemain et qu'il vous faudra du temps avant de voir un changement dans votre vie pour le mieux.

Maintenant oui, je vous souhaite le meilleur dans vos résultats, et rappelez-vous que tout est pratique ; la théorie sans l'action ne vous est d'aucune utilité.

Un gros câlin, ton amie Jessy !

D'ailleurs, lorsque vous obtiendrez peu à peu vos résultats, je vous recommande vivement, si vous voulez en savoir plus sur les méthodes de gagner de l'argent, le livre d'un grand auteur dont j'apprends beaucoup, sur "LES STRATEGIES SECRETES POUR FAIRE BEAUCOUP D'ARGENT DANS LE MULTINIVEL", est un livre qui vous aidera certainement beaucoup sur votre chemin vers "la liberté financière".

Sans plus attendre, vous pouvez le trouver dans le moteur de recherche Amazon, tel que : "Stratégies secrètes pour gagner beaucoup d'argent dans le business multi-niveaux" ou en cherchant son nom, tel que : "Gaston Echevarria".... Encore une fois, je vous souhaite beaucoup de succès dans vos résultats !